AF338815

OBSERVATIONS

SUR LE RAPPORT DU MINISTRE DES FINANCES.

OBSERVATIONS

SUR

LE RAPPORT

DU MINISTRE DES FINANCES,

Par M. LEMERCIER,

ANCIEN BANQUIER.

A PARIS,

DE L'IMPRIMERIE DE POULET,

QUAI DES AUGUSTINS, N°. 9.

1814.

OBSERVATIONS

SUR LE RAPPORT DU MINISTRE DES FINANCES.

SIRE,

La sollicitude sans cesse active de V. M. pour réparer de grands maux, et procurer à vos sujets le bonheur qu'ils ne peuvent attendre que d'un gouvernement paternel, m'encourage à déposer au pied du trône quelques observations sur l'objet le plus important qui occupe en ce moment tous les esprits.

Sire, en examinant l'état de situation des finances, et les moyens de les améliorer présentés par le ministre de V. M., je ne considérerai que le but principal de son travail, les bases et les conséquences du système de libération qu'il contient. Assez d'autres s'occuperont probablement du soin de rechercher les erreurs ou les méprises qui sont presque inévitables dans la disposition d'un ensemble aussi compliqué.

Le ministre évalue à 759 millions l'arriéré de la dette publique rigoureusement exigible ; et pour se débarrasser promptement de ce fardeau, pour s'en dégager avec honneur, selon ses propres expressions, c'est-à-dire avec équité, il indique trois moyens principaux :

1°. L'économie qu'on obtiendra sur le budjet de 1815, en élevant la recette de 70 millions au-dessus de la dépense ; 2°. la vente de 300 mille hectares de forêts de l'Etat (celle du reste des biens communaux trouvera plus bas sa place naturelle) ; 3°. des inscriptions en 5 pour cent consolidés.

Et en attendant que ces différens gages

soient réalisés ou transmis , le ministre propose d'en remettre de suite la représentation aux créanciers , en obligations du Trésor royal , à trois ans de date, et portant intérêt de 8 pour 100.

Ainsi , le principal objet du travail de votre ministre , consiste à satisfaire les créanciers de l'Etat. Rien de mieux , assurément, rien de plus juste.

Mais , Sire , les créanciers ne sont pas les seuls de vos sujets qui ont des droits à votre justice et à votre bienveillance : le propriétaire , le cultivateur, le négociant, l'homme industrieux , ne sont pas moins dignes de vos regards. Si même la considération peut croître en raison de l'utilité que la société retire de telle ou telle classe d'individus , toutes celles de ces classes qui concourent, par leurs travaux, leurs spéculations, l'emploi de leur fortune , à la commodité , au bien-être , à la prospérité de la grande famille , réclameraient , peut-être avec quelque raison, une sorte de préférence. Mais un bon père, et vous êtes le nôtre, Sire , n'en admet aucune. La volonté de V. M. est donc que les uns ne soient pas favorisés aux dépens des autres. Or, le plan de M. le baron Louis est-il conforme à cette volonté toute royale?

D'abord, on ne voit nullement, dans le projet du ministre, que les créanciers de l'Etat soient appelés à concourir *directement* aux moyens d'opérer leur propre libération. Non seulement on veut qu'ils soient payés intégralement (tous les hommes justes le veu- l nt aussi), mais encore que, durant leur at- tente inactive, et jusqu'au moment où leurs capitaux seront réalisés, ils jouissent d'un intérêt triple, ou peu s'en faut, de ce- lui que le propriétaire obtient communé- ment de la terre qu'il cultive ou fait cultiver pour l'utilité sociale ; c'est visiblement alors que les règles de l'équité seraient tout-à-fait méconnues.

Sire, en me plaçant en effet dans l'hypo- thèse de votre ministre, quelle serait donc, me demandé-je, la condition du créancier de l'Etat, comparée aujourd'hui avec celle du propriétaire foncier, sous le rapport de leurs revenus respectifs?

Le ministre de V. M. propose, comme un acte de justice, d'élever l'intérêt annuel du créancier de l'Etat à 8 pour 100, attendu, continue-t-il, que s'il pouvait disposer de son capital, il en obtiendrait le même avantage en le convertissant en rentes. Je reviendrai bientôt sur cette fausse considération, et je continue le parallèle.

Quel est le revênu le plus ordinaire du propriétaire d'un immeuble ? Environ 3 pour cent, et quelquefois moins.

Les rentes sur l'Etat se vendent et revendent journellement sans aucun profit pour le fisc.

La propriété foncière supporte, à chaque mutation, des frais énormes. Il n'y a pas de vente qui ne coûte à présent 7 à 8 pour 100, et la plus forte partie en est versée dans les caisses publiques.

A combien d'autres chances, à combien d'accidens l'immeuble de toute nature n'est-il pas exposé ?

Tandis, en un mot, que le créancier de l'Etat, porteur d'une inscription ou d'une obligation du Trésor, peut attendre païsiblement, et au sein de l'oisiveté, l'échéance de ses intérêts ou arrérages courans, des soins sans nombre, des inquiétudes de toute espèce, sont le partage habituel du vigilant propriétaire.

Que de réflexions ce rapprochement pourrait faire naître encore !

Cependant, Sire, le ministre des finances propose d'assurer à la fois au créancier de l'Etat d'immenses avantages, et de réserver au propriétaire les charges directes avec tous leurs accroissemens. Ce système tendrait donc à grever exclusivement la classe la plus utile de la société, pour le bien-être privilégié de la plus inutile ? car tout en respectant le droit des rentiers, ce n'est pas leur faire injure, quand on les compare à ces plantes parasites qui croissent sur la cime des arbres, en expriment les sucs nourriciers, et en interceptent le développement.

Le projet du ministre de V. M. paraît se rattacher beaucoup trop à la fausse doctrine de certains écrivains plus brillans que profonds, qui ont prétendu long-temps que nos richesses venant toutes de la terre, c'était principalement sur le sol qu'il fallait asseoir l'impôt. Ainsi donc, disais-je à cette occasion dans une note destinée à être mise sous

les yeux de **V. M.**, parce que l'homme supporte 25 ou 30 milliers pesant d'air atmos-
phérique divisé sur tous les points de sa surface, on en concluerait qu'il est possible de
lui imposer ce poids énorme sur le dia-
phragme, comme étant le centre du corps
humain ?

En proposant de fixer la contribution di-
recte de 1815 à 340 millions, ne serait-ce
pas vouloir faire revivre le principe le plus
destructeur de la richesse territoriale ? Pour
faire adopter cette sur-élévation d'impôt, le
ministre ajoute que la fixation qu'il propose
est au-delà de 80 millions moindre que celle
qui avait été arrêtée pour 1814.

Mais, lui répond-on, 1°. les sur-taxes exor-
bitantes et arbitraires décrétées par le chef
de l'ancien gouvernement ne peuvent plus
servir aujourd'hui de terme de comparaison ;
2°. le territoire de la France étant réduit de
deux cinquièmes environ, l'impôt direct ne
peut être réglé désormais que sur sa nouvelle
étendue.

Il résulte de toutes ces observations que le
premier moyen du ministre, présenté comme
une économie destinée à éteindre l'arriéré,
ne serait évidemment qu'une sur-taxe oné-

reuse pour la classe unique des propriétai-
res, ce qui serait peu conforme aux principes
de justice et de loyauté dont son excellence
annonce hautement faire profession.

Le second moyen proposé consiste dans la
vente de 3oo mille hectares de forêts de l'Etat.
Le ministre déclare à cet égard qu'il ne s'est
pas dissimulé les objections que l'on peut
opposer à cette vente, et les inconvéniens
qu'on pourrait lui reprocher. Sans doute ces
inconvéniens sont nombreux et très-graves.
Mais l'aveu franc et sincère que le ministre
en fait lui-même, ne doit-il pas m'interdire
d'en tracer la pénible énumération? Je vais
donc essayer de considérer rapidement cette
mesure sous un tout autre aspect que celui
de son résultat désastreux, qui n'est déjà
d'ailleurs que trop généralement redouté.

Proposer à la fois l'aliénation de 3oo mille
hectares de forêts et la mise en circulation
de valeurs qui en représentent le prix, n'est-
ce pas éveiller un peu brusquement l'agio-
tage, en offrant un double appât aux spécu-
lateurs pour une seule et même chose? N'est-
ce pas imiter trop sensiblement ce qui s'est

pratiqué d'une manière si funeste lors de la vente des biens nationaux et l'émission simultanée des assignats? N'est - ce pas enfin rappeler des souvenirs qu'on voudrait pouvoir effacer à jamais ?....

Sire , ces réflexions, que j'abrège et suspends à dessein, n'auraient pu sans doute échapper à la sagacité du ministre de V. M., si les détails immenses de sa vaste administration, si des travaux moins multipliés et souvent interrompus lui avaient permis de donner plus de temps à la méditation.

Mais ce qui ne peut manquer de le frapper en y réfléchissant , c'est la fausse considération qui l'a conduit à proposer d'accorder aux porteurs des obligations à terme du Trésor-Royal, l'intérêt énorme de 8 pour 100 par an jusqu'au moment de leur remboursement. Voici comment il justifie la nécessité d'une telle faveur :

« Tout élevé que soit cet intérêt, dit le
» ministre, nous n'avons pas le droit de le
» fixer plus bas, puisque, d'après le cours
» des rentes, le créancier pourrait retirer le
» même avantage du capital de sa créance ;
» et quand nous lui faisons attendre le paie.
» ment du capital , il est bien juste que nous

» l'en dédommagions par une prime égale à
» ce qu'il lui produirait. »

N'est-ce pas présenter d'abord comme ab-
solu ce qui n'est ici que facultatif pour le
créancier? Parce qu'un capital disponible
pourrait être employé de vingt, de cent ma-
nières différentes, s'en suit-il qu'il serait con-
verti précisément en rentes sur l'Etat? Si le
propriétaire s'en servait, par exemple, pour
acheter un immeuble, très-certainement il
n'en retirerait plus ni 8, ni 6, ni 5 pour 100
net. On peut présumer, même avec beaucoup de probabilité, que le capital sera le
plus souvent destiné à l'achat de quelques
biens-fonds, par la seule raison que la masse
des immeubles est incomparablement plus
considérable que celle des inscriptions en 5
pour 100.

Pour qu'il y eût quelque justesse dans le
raisonnement du ministre, il faudrait que
l'Etat payât réellement aux rentiers un intérêt annuel de 8 pour 100. L'assimilation,
dans ce cas, eût été proposable. Mais le cours
plus ou moins élevé de la rente ne fait rien
à la chose. Une inscription de 5000 francs
de rentes constitue *virtuellement* l'Etat débi-
teur d'un capital de 100,000 fr.; donc l'Etat

ne paie que 5 pour 100 d'intérêt au rentier.

Ainsi la prime de 8 pour 100 , que le ministre propose d'accorder aux créanciers , n'étant justifié par aucune faveur analogue , ne serait , tout bien considéré , qu'un avantage de plus ajouté aux profits qu'ils ont déjà obtenus de leurs rapports avec le gouvernement , conséquemment un sacrifice onéreux pour le Trésor-Royal , et funeste au crédit public.

Mais déjà , Sire , et bien antérieurement au rapport sur la situation des finances , le ministre avait sollicité et obtenu l'autorisation d'émettre 10 millions de bons sur la caisse de service , à trois mois d'échéance , avec une prime de 2, ce qui fait bien 8 p. 100 l'an. Cette mesure fut annoncée dans les papiers publics. Jusque-là, les opérations onéreuses de cette nature qu'un besoin urgent pouvait commander, semblaient devoir être faites dans le silence. On ne doit donc pas s'étonner si le public a pu craindre que le ministre n'employât, pour fonder le crédit du Trésor, précisément les moyens qui paraissaient auparavant les plus certains pour le détruire, c'est-à-dire, des sacrifices prématurément offerts, et leur publicité inaccoutumée.

On eût encore désiré que le ministre manifestât beaucoup moins explicitement son projet de racheter les obligations du Trésor sur la place, afin d'éviter les soupçons de la défiance que la malignité ne s'empresse que trop ordinairement de fortifier et d'étendre.....

Quoi qu'il en soit, il n'est personne qui ne soit frappé de tous les mouvemens de franchise qui règnent dans le rapport du ministre. En invoquant des communications officieuses avant de terminer son ouvrage, c'est convenir de son imperfection. Il n'appertenait qu'à la loyauté et à la modestie de faire un pareil aveu. Ne pourrait-on pas ajouter ici que le travail d'un administrateur ne s'improvise pas aussi facilement que le talent d'un dignitaire ?

Le troisième moyen proposé par le ministre pour satisfaire les créanciers, consiste à leur donner des rentes en inscriptions à 5 pour 100. Ce moyen est incontestablement le plus facile , le plus prompt et le plus ample.

Mais c'est un expédient toutefois bien affligeant que celui dont l'emploi, pour libérer l'Etat, doit le grever perpétuellement. Voilà pourquoi je crois devoir m'abstenir de parler de la vente du reste des biens des communes, puisque la charge que le gouvernement va s'imposer à jamais envers elles, lui sera infiniment plus onéreuse que le produit de cette même vente ne lui sera instantanément profitable.

Du moins les rentes constituées au profit des particuliers pourront s'amortir avec le temps. Le ministre en donne l'espoir ; c'est déjà quelque chose. Mais chacun est impatient de connaître quel sera le mode d'extinction, et bien plus encore de quelle source arriveront les fonds d'amortissement. S'ils devaient ne se composer que de la différence en plus de la recette à la dépense, la perspective serait peu consolante , puisqu'elle offrirait l'aspect d'un surcroît indéfini d'impôts, dont la répartition, très-inégalement divisée en ce moment et depuis long-temps, finirait bientôt , si malheureusement ce système était maintenu sans modification , par écraser la classe la plus essentielle, la plus utile et la plus intéressante de la société.

Il est donc permis d'espérer, Sire, qu'incessamment votre ministre proposera le moyen, dont il sentira la juste nécessité, de faire ressortir de la dette même les ressources naturelles et légitimes qui doivent le plus directement coopérer à son extinction. Ce ne sera nullement chose difficile, quand il croira devoir s'en occuper. Mais il convient à cet égard, ainsi qu'en toute occasion, de lui réserver le mérite de l'initiative, comme étant la première et la plus douce récompense qu'il doit obtenir de ses veilles et de ses travaux. Le choix d'ailleurs que V. M. a daigné faire de M. le baron Louis pour ministre de ses finances, ne permet pas de fixer les limites des talens de cet administrateur, de mesurer l'étendue de ses connaissances, et de placer sa haute conception sur la ligne de la commune intelligence. Il serait donc de tout point indiscret de lui indiquer ce qui se manifeste si clairement de soi-même : la faible lueur d'un flambeau pâlit toujours devant un grand foyer de lumière.

Il est impossible de se dissimuler que les choses sont arrivées au point qu'il faut ou puiser à de nouvelles sources, ou tarir celles qui ont pu échapper à la destruction, comme les forêts de l'Etat, par exemple.

Pour se bien pénétrer de l'embarras que le ministre a dû rencontrer en prenant les rênes de l'administration des finances, il suffit de jeter un coup-d'œil sur le système que l'ancien gouvernement avait adopté. Toute sa science se bornait à des anticipations, des emprunts forcés sous forme de cautionnemens, au doublement des mêmes impôts, à des aliénations et à l'accroissement illimité de la dette publique. Mais comme l'excès de ses déprédations exigeait, à chaque instant, des ressources extraordinaires, il n'avait rien imaginé de plus expéditif, pour se les procurer, que le monopole, la violation des dépôts et le pillage. Son exemple dut avoir des imitateurs, particulièrement dans l'exercice des réquisitions de tout genre qui eurent lieu pendant les derniers mois de 1813 et les premiers de 1814.

Précipité brusquement dans une fausse route, tracée au fond d'une vallée de désordre et de confusion, le ministre a besoin de gravir l'éminence qui la domine , pour apercevoir un horizon beaucoup plus vaste , et distinguer les ressources plus réelles et plus profitables qui s'offriront d'elles-mêmes à ses regards.

Oui , Sire , ces ressources sont étendues , positives, et, par-dessus tout, fort naturelles. Le ministre de V. M. ne peut pas les méconnaître. Quelques-unes sont indiquées , très-substantiellement à la vérité , dans une note qu'on m'a donné depuis long-temps la promesse de placer sous les yeux de V. M.

Si elles sont demeurées inaperçues pendant le long interrègne qui nous a privés de notre souverain légitime , n'en doutons pas , Sire , c'est que la Providence n'a pas permis qu'elles devinssent la proie d'une domination injuste et dévastatrice ; c'est qu'elle a voulu les réserver pour fonder la gloire de V. M. , la prospérité de votre empire et le bonheur de vos sujets , qui en sont inséparables. Etant donc restés intactes , leur abondance n'en est devenue que plus certaine et plus grande.

Toutes, en un mot , dérivent de ce principe , que l'expérience ne permet pas de contester , savoir : *Que plus l'impôt est di-*

·visé, plus il est supportable et productif, plus la perception en est prompte et facile.

Il en résulterait donc, Sire, que le moment est venu, *qu'il est équitable et nécessaire de répartir les charges publiques entre toutes les fortunes, de quelque nature qu'elles soient, et de ne pas maintenir plus long-temps les revenus les plus productifs en possession de n'en supporter aucune.*

Cette mesure, qui appartient tout entière aux lois éternelles de la pondération et aux règles immuables de l'harmonie uniververselle, rétablirait insensiblement et sans violence, comme sans sacrifice, l'équilibre entre la recette et la dépense, en ne réservant du système actuel que ce qu'il peut contenir d'utile et de juste.

C'est alors que s'élevant sur ce point d'appui, et planant au-dessus de l'abîme, le ministre de V. M. découvrira sans peine :

Là, des préjugés utiles offrant d'eux-mêmes le tribut de leur propre conservation.

De toutes parts, des revenus extraordinairement productifs, présentant une immense surface, libre de toutes charges.

Sous la main, un privilége salutaire qui, ne pouvant émaner que de la puissance royale, réaliserait à l'instant même , au profit du trésor , un capital considérable, moyennant la concession temporaire d'un très - faible droit , dont l'introduction , déjà politiquement et moralement signalée et invoquée , augmenterait les revenus de l'Etat à l'avenir.

Bientôt enfin le ministre apercevant la possibilité de confondre les ressources de la richesse territoriale avec celles de l'industrie , trouvera dans cette heureuse alliance , qui doit cesser d'être problématique, le complément de l'œuvre d'abondance qu'il est destiné sans doute à consommer, puisqu'il y est appelé.

Sire , je m'expliquerais en d'autres termes, si mon intention était de m'environner du suffrage de la multitude , en développant les idées consolantes qui sont énoncées assez , et beaucoup plus clairement, dans ma note confidentielle que déjà, peut-être, V. M. a pensé n'être pas tout-à-fait indigne de quelque attention. Je ne pouvais mieux attester , en m'abstenant de la signer , com-

bien peu j'ambitionne aucun genre de célé-
brité ; et si, pour qu'elle ne soit pas ou-
bliée, je donne quelque publicité à mes
observations, je ne me suis déterminé que
par la difficulté et l'incertitude désespérantes
de les faire arriver sûrement au pied du
trône.

Je suis, avec le respect le plus religieux,

SIRE,

De Votre Majesté

Le très-humble, très-obéissant
et très fidèle serviteur et sujet,

LEMERCIER,

Ancien Banquier.

Paris, le 10 août 1814.